essentials

Essentials liefern aktuelles Wissen in konzentrierter Form. Die Essenz dessen, worauf es als „State-of-the-Art" in der gegenwärtigen Fachdiskussion oder in der Praxis ankommt. Essentials informieren schnell, unkompliziert und verständlich

- als Einführung in ein aktuelles Thema aus Ihrem Fachgebiet
- als Einstieg in ein für Sie noch unbekanntes Themenfeld
- als Einblick, um zum Thema mitreden zu können

Die Bücher in elektronischer und gedruckter Form bringen das Expertenwissen von Springer-Fachautoren kompakt zur Darstellung. Sie sind besonders für die Nutzung als eBook auf Tablet-PCs, eBook-Readern und Smartphones geeignet.

Essentials: Wissensbausteine aus den Wirtschafts, Sozial- und Geisteswissenschaften, aus Technik und Naturwissenschaften sowie aus Medizin, Psychologie und Gesundheitsberufen. Von renommierten Autoren aller Springer-Verlagsmarken.

Volker Casper

Visuelle Führung

Sichtbar führen – Hintergründe, Methoden und Anwendungen

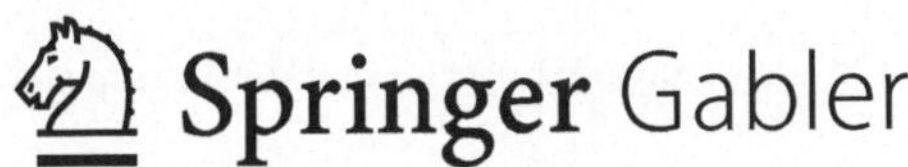

Dr. Volker Casper
Köln
Deutschland

ISSN 2197-6708   ISSN 2197-6716 (electronic)
essentials
ISBN 978-3-658-10549-5   ISBN 978-3-658-10550-1 (eBook)
DOI 10.1007/978-3-658-10550-1

Die Deutsche Nationalbibliothek verzeichnet diese Publikation in der Deutschen Nationalbiblio-
grafie; detaillierte bibliografische Daten sind im Internet über http://dnb.d-nb.de abrufbar.

Springer Gabler

Gedruckt auf säurefreiem und chlorfrei gebleichtem Papier

Springer Fachmedien Wiesbaden ist Teil der Fachverlagsgruppe Springer Science+Business Media
(www.springer.com)

Was Sie in diesem Essential finden können

- Warum visuelle Führung ein wirksames Führungsinstrument ist
- Auf welchen Prinzipien visuelle Führung basiert
- Welche Arten der visuellen Führung es gibt
- Warum visuelle Führung sich als eine erfolgskritische Führungsform etablieren wird
- Wie visuelle Führung im einem Unternehmen verankert werden kann

Vorwort

Dieser Beitrag basiert auf einem Kapitel des Herausgeberbandes „Zukunft der Führung" von Sven Grote, erschienen 2012 im Verlag Springer Gabler. Dieser Band geht der Frage nach: Womit müssen Führungskräfte in der Zukunft umgehen können? Aus unterschiedlichsten Disziplinen wird eine Antwort formuliert.

So auch der vorliegende Beitrag, der im Kern Führung als soziale Beeinflussung auf Basis von Kommunikation versteht. Fest verankert im Führungsalltag sind die Instrumente Sprache und Text. In einem von Agilität gekennzeichneten Führungsalltag erhält eine weitere Kommunikationsform immer mehr Auftrieb: Visualisierungen. Angetrieben wird diese Entwicklung auf Grund des vereinfachten Einsatzes von Visualisierungen in modernen on- und offline Kommunikationskanälen. Der gegenwärtige zentrale Treiber ist die Big Data-Entwicklung, bei der visualisierte statistische Analysen immer mehr zum Steuerungsinstrument werden. Als erfolgreiches kommunikatives Instrument haben sich Visualisierungen hier schon längst durchgesetzt. Was bedeutet diese Entwicklung für die operative Arbeit von Führungskräften? Welche Visualisierungsformen können Führungskräfte einsetzen? Welche Voraussetzungen müssen erfüllt sein, damit Visualisierungen im Führungskontext wirksam werden können? Diesen Fragen geht der Beitrag nach und gibt diesem Führungsinstrument dabei einen eigenen Namen: „Visuelle Führung".

Inhaltsverzeichnis

Das Unsichtbare sichtbar machen: Problemlösung mit Kreisen, Pfeilen und Vierecken

1

In seinem Büro verarbeitet der Regionalleiter Robert K. seit dem Start des Veränderungsprozesses „GO 500" zum wiederholten Male die negativen Rückmeldungen seiner Mitarbeiter. Seine sechs Niederlassungsleiter hatten ihm die „rote Karte" gezeigt. Die Einführung des neuen, in der Zentrale entwickelten Vertriebsmodells droht zu misslingen. Einerseits steht Robert K. hinter dem neuen Vertriebsmodell, weil es sich auf neue Kundenpotenziale konzentriert, andererseits ist ihm klar, dass der Veränderungsprozess in der gegenwärtigen Form zum Scheitern verurteilt ist. Viele Fragen gingen ihm durch den Kopf. Warum schaffen es die Modellentwickler aus der Zentrale nicht, seine Mitarbeiter abzuholen und besser in den Veränderungsprozess einzubinden? Warum kommen sie nur mit einer „halben Lösung"? Hätten sie uns doch mal gefragt. Wie sollen wir die neue Kundenbetreuungsstruktur umsetzen? Der Innendienst ist noch nicht soweit. Wie soll mein Außendienst die neuen Verkaufsaktionen aus der Zentrale angehen, ohne über die notwendigen Ressourcen dafür zu verfügen? Kann ich auch mal selbst was im Veränderungsprozess entscheiden? Was ist eigentlich mein Kernproblem? Wo kann ich mit einer Lösung ansetzen? Immer mehr verliert er sich gedanklich in Details. An diesem Punkt war er schon oft.

Diesmal versucht er einen anderen Weg. Er zieht ein Blatt Papier aus der Schublade und beginnt, die ersten Kreise und Pfeile zu zeichnen und damit das Problem zu visualisieren. Sein zeichnerisches Talent ist bescheiden, doch dieses reicht aus. Je einfacher die Zeichnungsobjekte, umso klarer wird das Bild, das er sich von der gegenwärtigen Situation macht. Nachdem er wesentliche Kernpunkte seines Problems skizziert hat, überträgt er diese auf ein Whiteboard und holt seine Mitarbeiter zu sich. Es entwickelt sich eine kontroverse Diskussion über seine Situationsanalyse und die damit verbundenen möglichen Lösungsansätze. Neue Aspekte werden in das Bild integriert, andere Punkte verlieren an Bedeutung. Nach und nach erarbeiteten sie im Team das finale Bild der gegenwärtigen Situation

© Springer Fachmedien Wiesbaden 2015
V. Casper, *Visuelle Führung*, essentials, DOI 10.1007/978-3-658-10550-1_1

1

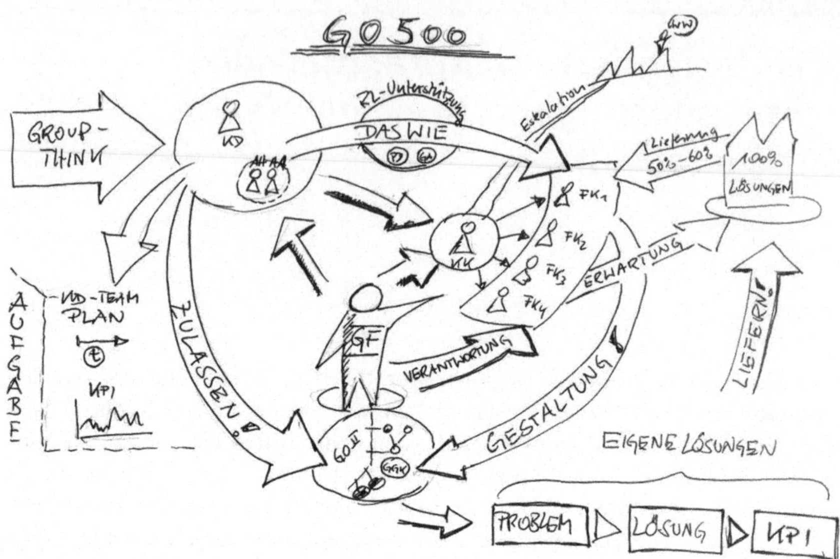

Abb. 1.1 Visualisierte Vertriebsproblematik

des Veränderungsprozesses. Auf Basis des gemeinsamen Problemverständnisses werden die Ankerpunkte für die nächsten Schritte offensichtlich und erste Lösungen kreiert. Robert K. fotografiert das Ergebnis und macht sich auf den Weg in die „Zentrale", um der Geschäftsführung die Sachlage zu zeigen. Mit Hilfe des Bildes und seinen begleitenden Erläuterungen kann Robert K. auch bei den Geschäftsführern für ein tiefergehendes Verständnis der aktuellen Situation sorgen. Einige grundlegende Entscheidungen, die den Veränderungsprozess im Nachgang weiter voranschreiten lassen, werden getroffen. Abbildung 1.1 zeigt das dazugehörige Bild.

Das vorangestellte Beispiel ist eine Form der „Visuellen Führung". Was es mit diesem Führungsinstrument auf sich hat, wird im weiteren Verlauf des Essentials dargestellt.

Hintergrund des Führungsansatzes „Visuelle Führung"

2

„Visuelle Führung" ist in einem gesellschaftlichen Kontext zu sehen, der geprägt ist von Begriffen wie Verwissenschaftlichung, Computerisierung, Wissensgesellschaft, Internet, Social Media und Globalisierung. Jeder dieser Begriffe beschreibt eine Komponente, die unsere Gesellschaft gegenwärtig beeinflusst. Allen gemeinsam ist der Fakt, dass die von diesen Entwicklungen ausgehende Produktion von Informationen unablässig voranschreitet und jede Information um unsere begrenzte Aufmerksamkeit buhlt. Denn nur, was wir mit den Augen fixieren oder mit den Ohren fokussieren, hat eine Chance, konzeptuell und bewusst zu Wissen verarbeitet zu werden (Ballstaedt 2009). Dabei stoßen die Kommunikationsformen Sprache und Text immer häufiger an ihre Grenzen. Ballstaedt, Professor für technische Dokumentation, vertritt die These, dass unsere Gesellschaft nicht nur auf begriffliches und verbales Wissen, sondern in zunehmendem Maße auf visuelles Wissen setzt, so dass von einem Umbruch von einer Sprachtext- zu einer bildzentrierten Kultur gesprochen werden kann. Zwei Beobachtungen sprechen für diese Annahme:

1. Die Zunahme an Bildern in den Massenmedien, die mit der Digitalisierung zusammenhängt. Die Produktion, Bearbeitung, Speicherung und Distribution von bildlichem Material ist durch den Computer und das Internet sehr stark vereinfacht worden. Auf Millionen von Bildern kann ohne großen Aufwand zugegriffen werden.
2. Die visuelle Wende bedeutet eine erkenntnistheoretische Rehabilitation der Bilder für die Gewinnung und Vermittlung von Wissen (Lohhof 2007). Bilder haben demnach nicht nur eine illustrative, sondern eine wissensvermittelnde Funktion, sie werden zum Bestandteil von Erkenntnisprozessen.

© Springer Fachmedien Wiesbaden 2015
V. Casper, *Visuelle Führung, essentials,* DOI 10.1007/978-3-658-10550-1_2

In der Medizin, Architektur oder den Ingenieurswissenschaften ist die Arbeit mit Visualisierungen längst als Instrument zur Diagnose und Gestaltung angekommen. Führungskräfte werden sich dieser Entwicklung nicht entziehen können. Ihre Betätigungsumfelder werden mit der Zunahme von Informationen immer komplexer und die Möglichkeiten, mit dem Anstieg der Informationen, visuell umgehen zu können, werden immer vielfältiger. In diesem Punkt steckt zumindest die Chance begründet, dass der – mit der Komplexitätssteigerung einhergehende – Anstieg an Varianten, Möglichkeiten, Alternativen und Lösungsansätzen mit Hilfe von Visualisierungen transparent und handhabbar gemacht werden kann.

3.1 Visuelle Führung

Visuelle Führung ist ein Kommunikationsinstrument der Führung, das auf den visuellen Kompetenzen von Mitarbeitern aufbaut. Sie steht auf zwei Säulen: „Visuelles Denken" (in Bildern denken können) und „Visuelles Arbeiten" (mit Bildern kommunizieren können). Im Ergebnis erzeugt sie den kommunikativen Effekt: „Ich sehe, was Du sagst." Dies wird möglich durch den Einsatz von fotorealistischen Bildern, Skizzen, Charts, Diagrammen, Icons, Karten, Infografiken usw. Die folgende Abb. 3.1 gibt einen groben Überblick, welche Visualisierungsformen für welche Zwecke genutzt werden können.

Dass Visualisierungen positive Auswirkungen auf die Kommunikation in Führungskontexten haben, zeigen einige wissenschaftliche Untersuchungen. Der Kommunikationsexperte Eppler (2009) von der Universität St. Gallen erforschte den Einfluss von Visualisierungen in der Gruppenarbeit. Die Ergebnisse zeigen, dass Visualisierungen den Wissensaustausch fördern, die Produktivität steigern, die Menge und die Qualität der Ideengewinnung erhöhen und die spätere Aktivierung bezüglich der gemeinsam erarbeiteten Ergebnisse verbessern. Zu den weiteren positiven Effekten in Gruppenprozessen gehört die Steigerung der Aufmerksamkeit der Gruppenmitglieder, die Fokussierung der Kommunikation auf die Kernbotschaft, die Reduzierung von Kommunikationsfehlern und Ambiguitäten (Gergle 2007). Darüber hinaus vereinfachen Visualisierungen die Vermittlung abstrakter Ideen, erleichtern das Verständnis von komplexen Zusammenhängen und die Möglichkeiten der Schlussfolgerungen in Teams (Tversky 2002). Grundsätzlich erinnern sich die Beteiligten besser an Visualisierungen, da das visuelle Gedächtnis nach dem Lernpsychologen Edelmann (2000) eine größere Erinnerungskapazität als das

© Springer Fachmedien Wiesbaden 2015
V. Casper, *Visuelle Führung*, essentials, DOI 10.1007/978-3-658-10550-1_3

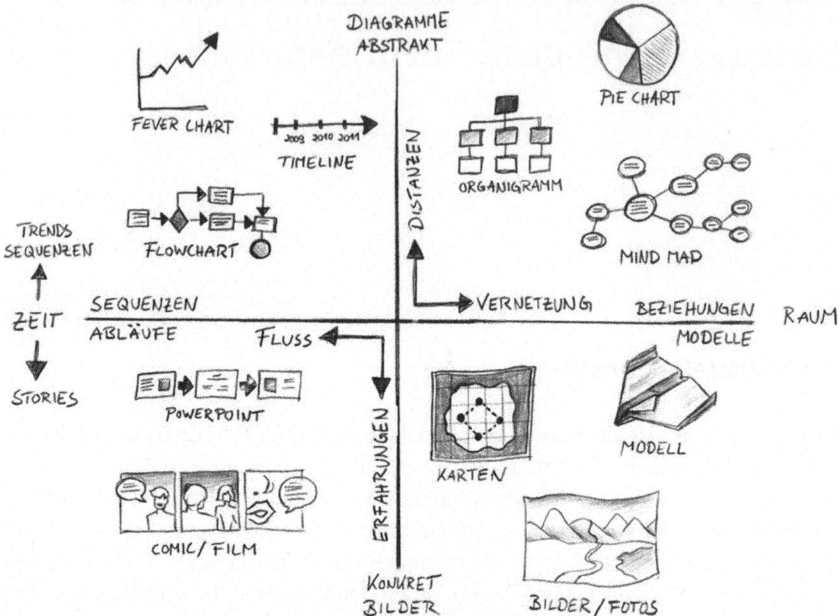

Abb. 3.1 Visualisierungsformen und deren Verwendungsmöglichkeiten

verbale Gedächtnis aufweist, wobei insbesondere die Bedeutung einer Visualisierung haften bleibt. Diese Untersuchungsergebnisse offenbaren den Nutzen von Visualisierungen für Führungskräfte in ihrem operativen Alltag.

Visuelle Führung hat insbesondere für Erkenntnis-, Problemlösungs- und Entscheidungsprozesse einen wesentlichen Vorteil gegenüber der sprachlichen und textlichen Kommunikation. Sie macht die Komplexität und die damit verbundenen Interdependenzen einer Führungssituation sichtbar und eröffnet damit einen kreativen Raum für ganzheitliche Lösungsansätze. Dies gelingt den Kommunikationsformen Text und Sprache auf Grund ihrer sequentiellen Struktur nur bedingt. Im Zusammenspiel erzeugen die Kommunikationsformen Bild, Text und Sprache allerdings ihre größte Wirksamkeit im Transfer von subjektiven Wirklichkeitskonstruktionen, da sich ihre unterschiedlichen Stärken funktional ergänzen (Ballstaedt 2009). Im nächsten Abschnitt werden die zwei Säulen der visuellen Führung eingehender dargestellt: „Visuelles Denken" und „Visuelles Arbeiten".

3.2 Visuelles Denken (Visuelle Kompetenz)

Die Fähigkeit, in Bildern denken zu können, ist eine Vorbedingung für das „visuelle Arbeiten". Nach Colin Ware (2008), dem Direktor des Date Visualization Research Lab in New Hempshire (USA), beschreibt visuelles Denken im Kern das Erkennen von Mustern und nicht das Lernen von Zeichen und Symbolen. Dabei leitet sich die Fähigkeit, Muster zu erkennen, auf der einen Seite von der evolutionären Entwicklung unserer Sehfähigkeit ab, auf der anderen Seite basiert sie auf unseren visuellen Erfahrungen, die wir in unserem Leben gemacht haben. Ergänzt wird sie um die inneren Bilder, die wir Laufe unseres Lebens archiviert haben. Darüber hinaus gibt es nach Ware (2008) soziokulturelle Wahrnehmungsmuster, die sich über Jahrhunderte in Gesellschaften verankert haben und individuell abrufbar sind. Die auf diese Weise entwickelten individuellen Bilderwelten sind unmittelbar mit subjektiven Wertungen, Einstellungen und Emotionen verknüpft, die wiederum einen großen unwillkürlichen Einfluss auf das Erkennen von Mustern haben.

Für die Führungsarbeit im operativen Alltag einer Führungskraft ist das Erkennen und Beschreiben von Mustern elementar, seien es strukturelle, prozessuale oder soziale Muster. Diese Kompetenz geht einher mit weiteren Kompetenzen: das Denken in Zusammenhängen und in Abhängigkeiten, das Erfassen des Ganzen und das Verstehen der Details. Über die Fähigkeit der Erkennung und Beschreibung von Mustern hinaus bedarf eine wirksame „Visuelle Führung" des gekonnten kommunikativen Umgangs mit Bildern. Was dies im Einzeln bedeutet, beschreibt das Konzept „Visual Literacy". Nach der Definition von IVLA („International Visual Literacy Asccociation"), die auf den Mitgründer der Vereinigung John Debes (1969) zurückgeht, sind folgende Merkmale maßgeblich:

- „Visual Literacy" ist eine Gruppe von visuellen Kompetenzen, die ein Mensch durch das Sehen und die Einbeziehung anderer sensorischer Erfahrungen entwickeln kann.
- „Visual Literacy" ist die erlernte Fertigkeit, Kommunikation mit visuellen Symbolen (Bilder) zu interpretieren und mit Hilfe visueller Symbole Nachrichten zu erzeugen.
- „Visual Literacy" ist die Fertigkeit, Bildhaftes in verbale Sprache zu übersetzen und umgekehrt.
- „Visual Literacy" ist die Fertigkeit, visuelle Informationen in visuellen Medien zu erfassen und zu bewerten.

Die Erkenntnisse für dieses Konzept speisen sich aus verschiedenen Wissenschaftsdisziplinen, wie Linguistik, Medizin, Kunst, Psychologie, Ästhetik, Kunstgeschichte, Kunsterziehung, Medien, visueller Kommunikation und Philosophie. Wesentlich für dieses Konzept trotz seiner Interdisziplinarität ist, dass der Umgang mit Visualisierungen ebenso gelernt werden muss wie der Umgang mit der Sprache und Texten. Bisher ist noch nicht abzusehen, wann „Visual Literacy"-Kompetenzen in den Schulen ebenbürtig den Lese- und Schreibkompetenzen vermittelt werden. Daher können Unternehmen in der näheren Zukunft nicht auf diesem bereits vermittelten Kompetenzbaustein aufbauen. Konsequenterweise muss, wenn „Visuelle Führung" sich tiefergehend im Managementalltag verankern soll, die Vermittlung der Kompetenzen „Bilder verstehen" und „Bilder produzieren" ein fester Baustein in der Ausbildung von Führungskräften sein. Einen alltagstauglichen Ansatz, wie visuelle Kompetenzen in den Führungsalltag Eingang finden können, beschreibt das nächste Kapitel.

3.3 Visuelles Arbeiten (Skizzieren – Präsentieren – Steuern)

Im Mittelpunkt der „Visuellen Führung" steht die Produktion von Visualisierungen. Drei grundsätzlich führungstaugliche Produktionsformen können Führungskräfte einsetzen.

1. Skizzieren – mit Skizzen arbeiten
2. Präsentieren – mit Bildern präsentieren
3. Steuern – mit Visualisierungen das Unternehmen steuern

Der Aufwand und die notwendigen Fähigkeiten zur Erstellung der Visualisierung steigern sich von 1 zu 3. Der im Abschnitt Skizzieren dargestellte Visualisierungsprozess ist Grundlage für alle in diesem Abschnitt beschriebenen Arbeitsformen der „Visuellen Führung".

3.3.1 Skizzieren – mit Skizzen arbeiten

Die erste Hürde, die beim Skizzieren (Skizzieren = schnell hingezeichnete Information – auch Scribbeln oder Sketching genannt) von Führungskräften überwunden werden muss, ist die häufig anzutreffende Einstellung: Ich kann nicht zeichnen! Beim Skizzieren in Führungssituationen kommt es nicht darauf an, ein Kunstwerk zu erschaffen, sondern die Grundidee einer gedanklichen Abstraktion in eine sichtbare Realität zu transportieren. Der dazu notwendige Prozess (Roam 2008; Ware 2008) lässt sich in folgende Schritte aufteilen:

1. Sehen	2. Vorstellen
3. Visualisierung	4. Reflektieren/Optimieren

In der Phase 1 *Sehen* werden vom Betrachter visuelle Informationen aus seinem Umfeld gesammelt und von ihm einer groben Bewertung unterzogen. In dieser zumeist unbewussten Phase orientiert sich der Betrachter hinsichtlich seiner Position, identifiziert die Objekte, die ihm bekannt sind, und erfasst, in welche Richtung sich das Wahrgenommene entwickelt. Anschließend wird das Wahrgenommene bewusst bearbeitet. Die visuellen Informationen werden unterschieden, aussortiert, detailliert, geclustert, kategorisiert und priorisiert. Muster entstehen und das Gesehene wird in einen Sinnzusammenhang gebracht. Das Sehen wird zu einem Akt des Wählens.

In Phase 2 *Vorstellen* beginnt die Produktion der inneren Bilder. Dabei wirken Fantasie, Kreativität und Einfallsreichtum zusammen. Die Fantasie resultiert aus dem Imaginationsvermögen und der Erinnerungsfähigkeit zugleich. Der Aufbau innerer Bilder (Imagination) ist kognitiv gesehen nicht von der Wahrnehmung externer Bilder zu trennen, beide mentalen Prozesse laufen in den gleichen Gehirnregionen ab (Ware 2008). Roam (2008) beschreibt es treffend: „Seeing what isnt't there". Dies ist der Punkt, an dem Gesehenes, Gehörtes, Gefühltes und Erfahrenes in einem einzigen Moment der Synthese zusammenkommen. Schlussendlich ist die Produktion innerer Bilder das Ergebnis aus dem Wechselspiel sinnlicher Wahrnehmung und Imagination. Ein Prozess, der zwischen rezeptiver, eher passiver und produzierender, eher aktiver Seite hin- und herpendelt. Die Kreativität sorgt in diesem Prozess dafür, dass tatsächlich etwas hervorgebracht wird. Sie ist sowohl Teil der Phase 2 als auch der Phase 3. Sie liefert die Energie für die Wechselspiele sowohl zwischen den Phasen *Sehen* und *Vorstellen* als auch den Phasen *Vorstellen* und *Visualisieren*. Bewertbar und damit gemessen wird die Kreativität am entstandenen Bildprodukt.

Ist das innere Bild konkret genug, so kann die Hand das Wahrgenommene in Phase 3 *Visualisieren* wiedergeben. Im Führungskontext reichen hierfür Punkte, Linien, Vierecke, Dreiecke, Kreise. Das im ersten Kapitel vorgestellte Bild besteht exakt aus diesen Bildelementen. Die Bildelemente sind so einfach, dass sie unmittelbar anwendbar sind. Ist der Umgang mit diesen Bildelementen zur Routine geworden, dann können auch komplexere Bildelemente gelernt und eingesetzt werden. Hierzu können Anleihen aus dem Bereich des „Graphic Facilitation" genommen werden. Dies ist ein Moderationsansatz, der insbesondere auf Visualisierungen in Gruppenarbeiten aufbaut. Er etablierte sich in den 1970ern an der Westküste der USA, als einige Organisationsberater (unter anderem David Sibbet) die Zusammenarbeit in Gruppen durch visuelle Moderation verbessern wollten.

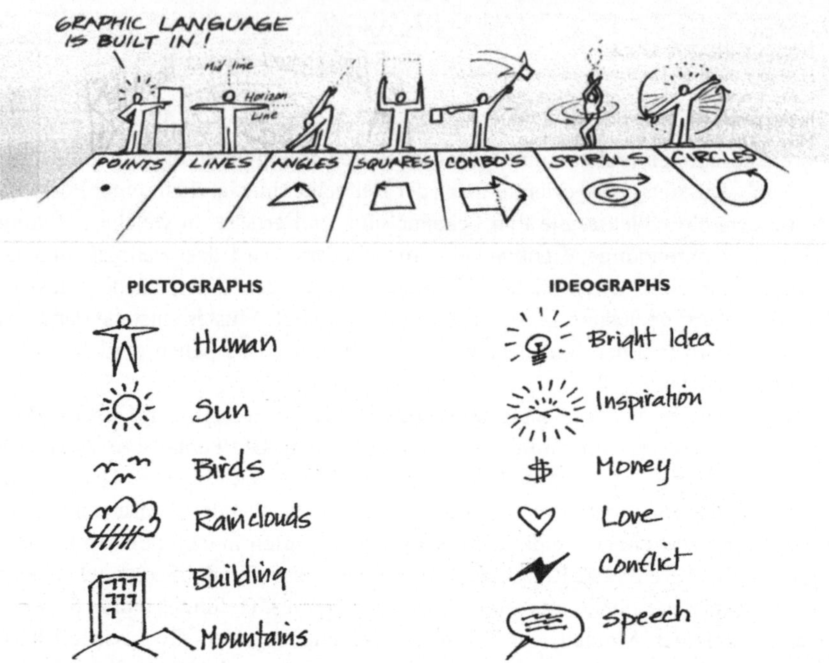

Abb. 3.2 Graphic Facilitation. (Bildquelle: Sibbet (2010))

Sie waren inspiriert von den Erfahrungen, die Designer und Architekten in ihren Problemlösungsprozessen mit Bildern und Bildelementen in der Zusammenarbeit mit anderen machten. Sie entwickelten eine Reihe von visuellen Prinzipien und Handwerkzeuge, die ein Graphic Facilitator zur Erstellung eines Bildes nutzt. In der Abb. 3.2 finden sich einige Beispiele:

Neben diesen aus der „Graphic Facilitation" stammenden Zeichnungselementen kann eine Führungskraft auf eine Vielzahl von weiteren Visualisierungen zurückgreifen. Welche Möglichkeiten gegeben sind, haben Lengler und Eppler (2007) in einem Periodensystem der Visualisierung systematisch erfasst. Aufbauend auf den Kriterien: Complexity of Visualization (Low-High), Main Application or Content Area (Data, Information, Strategy), Point of View (Detail-Overview) Type of Thinking (Konvergent-Divergent), Type of Representation (Process-Structure) werden über 100 Visualisierungen beschrieben.

Die Phase 4 *Reflektieren/Optimieren*: In der Reflexionsphase überprüfen die Beteiligten, ob die vorliegende Skizze alle Aspekte der zu skizzierenden Situation erfasst. Muss noch etwas hinzugefügt werden? Entstehen neue Bedeutungszusammenhänge? Sind spezifische Aspekte stärker herauszuarbeiten? Zwischen Reflexion und Optimierung besteht ein fließender Übergang auf der Basis der Interaktion mit sich selbst oder anderen. Abgeschlossen ist der gesamte Prozess, wenn die Skizze konsolidiert ist und ihren Zweck in der sozialen Interaktion einer Führungsaktion erfüllt.

Skizzieren ist ein kreativer Akt für das innovative Lösen von Aufgaben. Es kann jederzeit an jedem Ort angewendet werden: ob am Flipchart, Whiteboard, Tablet-PC oder einfach auf einem weißen Blatt Papier. Wie bereits aufgezeigt, besteht der Skizzenprozess sowohl aus unbewussten wie auch bewussten Bestandteilen, die mit Routine und Geübtheit verknüpft sind. Gerade für Anfänger ist der Prozess aufgrund der hohen Konzentration, die notwendig ist, mit einer kognitiven Anstrengung verbunden. Nach einem gewissen Training kann sich der Anteil an impliziten und damit automatischen Wahrnehmungs- und Imaginationsleistungen steigern, und das Erstellen von Skizzen geht leichter von der Hand. Skizzieren im Führungsalltag kann jede Führungskraft in ihrem Team ohne Vorbedingungen einsetzen. Sukzessive entsteht ein Gewöhnungseffekt, und gemeinsam mit den Teammitgliedern etabliert sich diese Arbeitsform.

3.3.2 Präsentieren – mit Bildern präsentieren

Im Gegensatz zur Erstellung von Skizzen hat sich der Einsatz von Bildern mittels einer Präsentationssoftware im Führungsalltag längst etabliert. Synonym steht für deren Einsatz der Begriff: PowerPoint®, ein Präsentationsprogramm des Anbieters Microsoft. Die Erfolgsgeschichte dieses Programms hat 1990 ihren Anfang genommen. Ursprünglich für das Entwerfen von Folien für den Einsatz mittels Overheadprojektor gedacht, entwickelte sich das Programm zu einem Präsentationswerkzeug mit vielfältigen bildlichen Gestaltungsmöglichkeiten und damit als ein weiteres Handwerkszeug für die „Visuelle Führung". Im Jahr 2001 (Parker) hatte PowerPoint® einen Marktanteil von 95 % und Microsoft selbst schätzte, dass mindestens 30 Mio. PowerPoint-Präsentationen täglich gehalten wurden. Bis heute ist PowerPoint das vorherrschende bildliche Hilfsmittel in der geschäftlichen Kommunikation geblieben.

Diese Omnipräsenz hat eine Reihe von Kritikern auf den Plan gerufen. Der prominenteste ist der Informationswissenschaftler Edward Tufte, der in der Nutzung von PowerPoint eine Verflachung der Informationsvermittlung sieht, da das durch Powerpoint vermittelte Wissen nicht der tatsächlichen Komplexität gerecht wird. Dies kann insbesondere in sensiblen Entscheidungssituationen weitreichende Folgen haben. Tufte (2006) argumentiert, dass die Fehlentscheidungen, die zum

Absturz der Raumfähre Columbia führten, auch auf den Einsatz von Powerpoint-Folien zurückzuführen seien. Er verweist dabei auf einen in PowerPoint-Format verfassten Technikreport von Boeing-Ingenieuren. Diese unterstützten die NASA bei der Aufklärung des beim Columbia-Start durch ein herumfliegendes Teil beschädigten linken Flügels. In ihrem Report suggerierten die Ingenieure durch hervorgehobene Textpassagen, dass die Beschädigung keine Probleme verursachen würde. Die Raumfähre sei demnach sicher und weitere Untersuchungen seien nicht notwendig, entschieden daraufhin hochrangige NASA-Offizielle. Ein fataler Irrtum, wie der spätere Verlauf der Weltraummission zeigte. Ohne Zweifel kann der überzogene und unreflektierte Einsatz von PowerPoint-Folien negative Auswirkungen bei den Empfängern haben wie eingeschränkte Verständnismöglichkeiten, mangelnde Reflexionsmöglichkeiten oder reduktionistische Wissensfragmentierungen. Diese Einschränkungen und damit Tuftes Kritik kommen dann zum Tragen, wenn der Einsatz von Powerpoint verkürzt auf die Foliengestaltung reduziert wird. Denn diese ist nur ein Baustein der Kommunikationsgattung Präsentation. Als eigene Gattung wird sie erst vollständig, wenn die Bausteine Sprache, Mimik, Gestik und Kontextsituation (räumliche Gegebenheiten, Zuschaueranzahl etc.) dazukommen.

Die Kommunikationsgattung Präsentation ist keine Erfindung, die mit der Entwicklung von Powerpoint einhergeht. Erste Hinweise auf den Einsatz von Präsentationen im Kontext von Führung finden sich in dem 1914 veröffentlichten Buch „Graphical Methods for Presenting Fact" von Willard C. Brintons. Schon für Brintons liegt der wesentliche Vorteil von Präsentationen nicht in der Zeitersparnis für den Zuhörer, sondern darin, dass Visualisierungen verbale Argumentationsketten untermauern und so in Entscheidungsprozessen Überzeugungsarbeit leisten. Bis in die 1960er Jahre war der Einsatz von visuellen Hilfsmitteln wenig gebräuchlich. Bis dahin gab es auch nur wenige Publikationen, die sich mit medialen Hilfsmitteln zur visuellen Kommunikation beschäftigten. Erst ab den 1980er-Jahren wurden formale Präsentationen in Geschäftssituationen regelmäßig eingesetzt. Von da an stieg auch die Zahl der Veröffentlichungen, die sich mit der Gestaltung der Folien auseinandersetzen. Es entwickelten sich allmählich Normen. So sollten visuelle Hilfsmittel unter anderem einfach und gut lesbar sein. Die in dieser Zeit entstandenen „Headlines mit Untergliederungen" sind ein bis heute gängiges Format. Dieses Gestaltungsmerkmal einer Folie steht gegenwärtig in der Kritik, da es eher als Notizauflistung für den Präsentierenden fungiert, als dass es den Zuhörer bei der Verankerung des Gesprochenen unterstützt. Hierzu zählen auch Folien, die eher als Handouts für die Beschäftigung des Publikums nach einer Präsentation oder als Ersatz für ausformulierte Texte dienen und nicht der Präsentation vor einem Publikum. Gerade die vielfältigen Nutzungsmöglichkeiten führen zu einer Abkehr der Rezipienten, die in einem Meer von Bulletpoints untergehen. Dadurch geraten PowerPoint-Präsentationen immer mehr in die Kritik, besonders die Erstellung von Folien im AutoContent Wizard, der sowohl die Inhaltsstruktur als auch das Design einer PowerPoint-Präsentation vorgibt. Eine automatisierte Präsentationserstellung ist wenig zielführend in Anbetracht der Tatsache, dass spezifische Führungsanforderungen individuelle Lösungen benötigen. Diese sind dann wirksam, wenn sie sich in der Inhaltsstruktur und im Design einer Präsentation wiederfinden. Führungskräfte benötigen daher ein Grundwissen über das Design von Folien. Erst wenn die Wirkung grundlegender Designelemente von Führungskräften verstanden und genutzt werden kann, kann der Transfer mentaler Modelle einer Führungskraft zu den Mitarbeitern abgesichert werden. Die kopierte Excel-Grafik in eine Präsentationsfolie einzufügen, reicht hierzu einfach nicht aus.

Es gibt eine Vielzahl von Designelementen, die in PowerPoint-Folien genutzt werden können, wie zum Beispiel Schriften, Farben, Bilder und Grafiken. Führungskräfte, die ihre Präsentationsfolien gestalten wollen, können auf umfassende Ratgeberliteratur zurückgreifen (siehe am Ende des Essentials Kap. 7: Zur Vertiefung). Mit der Einbindung von Designprinzipien (siehe Abb. 3.3) in der Folienerstellung können auf den Führungskontext bezogene zielführende Folien entstehen.

Diese Folien sind in eine Struktur zu überführen, die einer Geschichte entsprechen. Diese hat einen Anfang, einen Mittelteil und ein Ende. So wird die PowerPoint-Präsentation zu einer bebilderten Geschichte und damit zu einem wirksamen Führungsinstrument. Eine gute Präsentation zu erstellen, erfordert schlichtweg Zeit. Im operativen Führungsalltag ist diese oft nicht vorhanden. Das bedeutet, tendenziell eher auf Folienpräsentationen zu verzichten und die Kommunikationsform Präsentation bewusst nur in spezifischen Führungssituationen einzusetzen, die einen entsprechenden Aufwand gerechtfertigen, wie bspw. in der Kick-off-Veranstaltung eines Veränderungsprojektes.

Abb. 3.3 PowerPoint-Folie. (Bildquelle: Reynolds (2008))

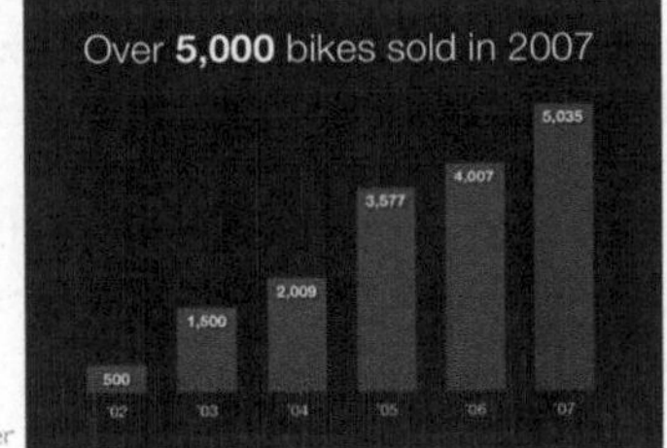

3.3.3   Steuern – mit Visualisierungen das Unternehmen steuern

Zur visuellen Steuerung eines Unternehmens gibt es eine Reihe von Ansätzen. Vorgestellt werden Learning Maps, Dashboards, War Rooms (Management Cockpits), „Visuelles Management" und Big-Data-Visualisierungen.

Learning Maps Die „Visuelle Führung" bedient die ganzheitliche Betrachtungsweise des Systems Unternehmen, die in Unternehmen eine immer größere Rolle spielt. Fachbereichsegoismen führen zu hohen Reibungsverlusten, daher müssen Führungskräfte und Mitarbeiter das Ganze erleben, dann können sie sich auch für das GANZE – das Unternehmen – verantwortlich fühlen. Visualisierungen zeigen Visionen, Ziele, Zusammenhänge, Funktionsmechanismen und die strukturelle Logik des Unternehmens in einer Form auf, dass sie gut verstanden, memoriert und emotional aufgeladen werden können. So wird der Grundstock für Lernoptionen der Mitarbeiter gelegt, das ganze Unternehmen zu verstehen. Diesem Ansatz folgten die Unternehmensberater Randall Root und James Haudan, die Gründer von Root Learning. Sie entwickelten das visuelle Mittel „Learning Maps". Dieses vermittelt mit den Stilmitteln eines Comiczeichners strategische Ausrichtungen, komplexe strukturelle und prozessuale Zusammenhänge eines Unternehmens oder Hintergründe eines Veränderungsprozesses. Mit dem Gesamtbild verknüpfte Arbeitsmaterialien, die von Trainern mit den Mitarbeitern bearbeitet werden, sorgen für ein vertieftes Verständnis. Dies ist insbesondere in groß angelegten Veränderungsprozessen, die eine völlig neue Ausrichtung eines Fachbereichs oder des gesamten Unternehmens zum Ziel haben, erfolgssichernd. Die Erstellung einer „Learning Map" ist sehr aufwendig und erfordert den Einsatz externer Spezialisten. Ein Beispiel zeigt die Abb. 3.4. Daher kommt dieses visuelle Instrument nur in ganz spezifischen Veränderungssituationen zum Einsatz.

Dashboard Neben der Steuerung von Großprojekten mittels einer Visualisierung können weitere Visualisierungsmittel auch in der alltäglichen Führungsarbeit das operative Handeln erleichtern. Dies gilt insbesondere in Entscheidungssituationen, die auf der Analyse von großen Datenmengen basieren. Handhabbar werden diese meist verteilten Informationen, wenn sie in Kennzahlen verdichtet und in einem Kennzahlen-Cockpit, einem sogenannten Dashboard, wie in Abb. 3.5 dargestellt, visualisiert werden.

Dabei ist ein Dashboard ein dialog- und entscheidungsorientiertes Instrument, das aktuelle und entscheidungsrelevante interne und externe Informationen benutzerfreundlich anbietet. Neben der quantifizierenden liefert ein Dashboard auch

Abb. 3.4 Learning Map. (Bildquelle: http://www.rootlearning.com/wp-content/files_mf/1287756911Incentive_2008.pdf)

eine qualifizierende Verdichtung, indem vordefinierte Analyse und benutzerdefinierte Alarmmeldungen installiert werden. Erfolgskritisch für ein Dashboard sind dessen zentrale Administration und Maßnahmen zur Sicherung der Datenqualität. Ein Dashboard ist Teil eines Führungsinformationssystems (FIS). Diese Systeme sind eine konsequente Weiterentwicklung der Management-Informationssysteme,

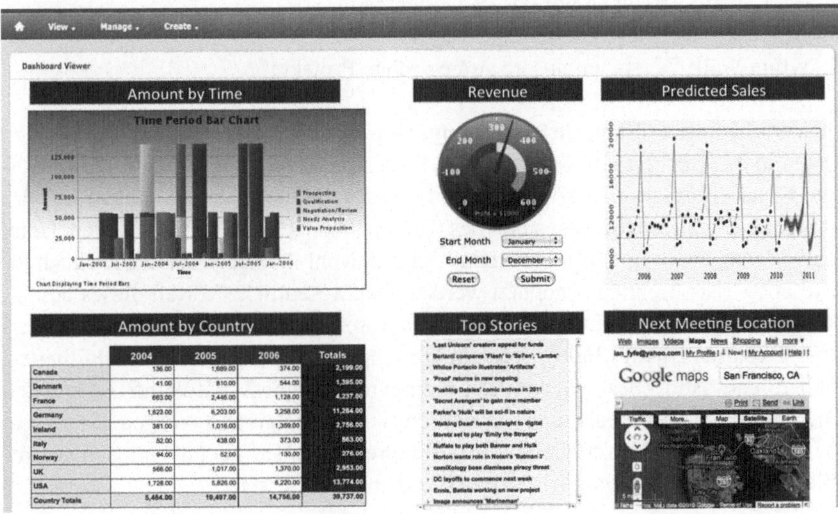

Abb. 3.5 Dashboard. (Bildquelle: http://www.jaspersoft.com/sites/all/themes/jaspersoft2/images/j4-screenshots/shot-dashboard_home.png)

die in den 1980ern und 1990ern ihren Ursprung in der schnell fortschreitenden Entwicklung leistungsstarker und benutzerfreundlicher Personal Computer hatten. FIS sind immer unternehmungsspezifisch aufgebaut und aufgrund der von ihnen geforderten Flexibilität und Aktualität nicht nur ein Softwareprodukt, sondern mehr ein Werkzeug, das die Steuerung und damit verbunden die Entwicklung eines Unternehmens stützt. Das Einsatzgebiet ist hauptsächlich in den ersten Phasen des Planungs- und Entscheidungsprozesses angesiedelt, d. h. in der Analyse- und Planungsphase, in denen der Entscheidungsträger explorativen Daten-Support benötigt. Aber auch in der Kontrollphase können FIS zur Überprüfung der Auswirkungen angeordneter Maßnahmen sinnvoll eingesetzt werden.

War Rooms Eine sehr ausgeprägte Form der Visualisierung von Daten als Grundlage von Managementprozessen findet sich im Konzept des „Management Cockpit War Room". Führungskräfte, in der Regel aus dem Top-Management, finden sich in einem eigens ausgestatteten Raum zusammen, in dem die für die anstehenden Entscheidungen notwendigen Daten visualisiert sind. Die Grundstruktur des Raumes entspricht der einer Einsatzzentrale. Auf verschiedenen Bildschirmen an den Wänden werden die visualisierten Daten projiziert. Jeder der vier Wände ist eine kennzeichnende Farbe und Frage zugeschrieben:

1. Blue Wall: Wie sieht es mit unseren Ressourcen aus?
4. Black Wall: Erreichen wir unsere Gesamtziele?
5. Red Wall: Welches sind die Hindernisse?
6. White Wall: Wo stehen unsere strategischen Projekte?

Im Vorfeld eines Führungskräftemeetings werden die für das Meeting spezifischen Daten in das Cockpit eingespielt. Diese Daten dienen als Basis-Information. Weitere Detailinformationen können nach Bedarf abgerufen werden, indem auf das Management-Informationssystem des Unternehmens zugegriffen werden kann. Der „Management Cockpit War Room" kann sowohl für Regelmeeting als auch für „Ad hoc Crisis Meetings" genutzt werden. Der wesentliche Vorteil dieses auf Visualisierung aufbauenden Management-Prozesses ist laut dem Management-Enterprise-Experten Daum (2006), dass ein Führungsteam gemeinsam ein detailliertes, einheitliches Bild – bezogen auf das Unternehmen und dessen Zukunft – erarbeitet. Dies ist von großer Bedeutung, da Führungskräfte, heute und morgen mehr denn je, komplexe Geschäftsmodelle und Strukturen in einem hochdynamischen Umfeld kurz-, mittel- und langfristig im Blick behalten müssen.

Nach Daum (2006) zeigen die bisher gemachten Erfahrungen mit dem „Management Cockpit War Room", dass das Arbeiten in einem visualisierten Umfeld einen wesentlichen Beitrag zum wissensbasierten Entscheidungs-Management liefern kann. Visualisierungen müssen hierbei so eingesetzt werden, dass ein schneller, vollständiger und schlüssiger Informationstransfer gelingen kann. Dies gilt im Übrigen auch für einen kleinen Fachbereichsreport. Daher sind Grafiken zur Visualisierung von Daten auszuwählen, die folgenden Prinzipien genügen:

1. Fokussieren auf das Bedeutsame: Nur die Daten visualisieren, denen auch eine Bedeutung zukommt.
2. Daten authentisch visualisieren: Verzerrungen durch abgeschnittene Achsen, unterschiedliche Skalierungen sind zu vermeiden.
3. Standards in der Darstellung festlegen: Dies gilt für Schrift, Farben, Formen und Grafiktypen.

Visuelles Management Ein Bereich, in dem diese Visualisierungsprinzipien bereits umgesetzt wurden, ist das „Visuelle Management". Hierbei handelt es sich um eine Kommunikationsform in Lean-Production-Systemen, die mit den Begriffen Kaizen, Kontinuierlicher Verbesserungsprozess (KVP) oder Reengineering verbunden sind. Etabliert hat sich „Visuelles Management" als Teilbereich der „Visuellen Führung" vor allem im Produktionsprozess der Automobilindustrie mit folgenden Zielen:

- Mitarbeiter an den ihre Arbeit betreffenden Informationen teilhaben lassen und das „Mitdenken" und damit die Innovationsmotivation der Mitarbeiter fördern;
- Arbeitsstandards und Vorgehensweisen kommunizieren;
- Arbeitsplätze und Prozesse visuell gestalten und dadurch eine Übersichtlichkeit schaffen, die jede Form der Abweichung vom Soll-Zustand erkennen lässt.

Als Hilfsmittel für das „Visuelle Management" kommen insbesondere Wandtafeln, wie in Abb. 3.6 dargestellt, vor Ort zum Einsatz. Sie ermöglichen es jedem, sich einen kurzen Überblick über die Arbeit und Erfolge des Teams zu machen. Konkret visualisiert werden:

- Abläufe (Produktions- und Planungsprozesse);
- Strukturen (Team, Kunden, Lieferanten);
- Ziele (Ergebnis-, Prozess- und Verhaltensziele mit entsprechenden Kennzahlen);
- standardisierte Vorgehensweisen;
- geplante Maßnahmen usw.

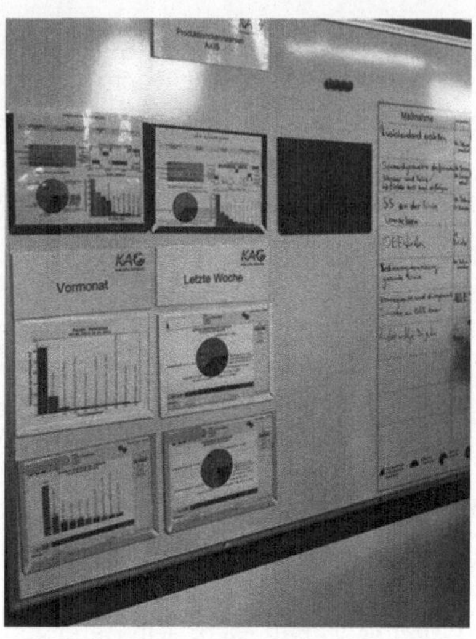

Abb. 3.6 Visuelles Management. (Bildquelle: https://www.cetpm.de/lib.medien/forumdokumente/1382111746.jpg)

Je mehr Verständnis auf Seiten der Mitarbeiter in Folge der Visualisierungen aufgebaut werden kann, desto mehr Verantwortung können sie übernehmen, was der Grundidee des „Visuellen Managements" entspricht. Gleichzeitig fungieren die Visualisierungen als Selbstkontrolle für das Team: Sind keine der o. a. Daten dargestellt oder diese veraltet, so kann auf schwache Lean-Production-Aktivitäten geschlossen werden. „Visuelles Management" ersetzt keineswegs das gesprochene Wort. „Visuelles Management" regt vielmehr zu regelmäßigen Diskussionen über Arbeitsergebnisse und -abläufe an und unterstützt diese. Visuelles Management ist ein fester Bestandteil in Lean-Production-Systemen geworden und in vielen produzierenden Unternehmen etabliert.

Big Data und Visualisierungen Die Genierung, Bearbeitung und Nutzung großer und komplexer Datenmengen (Big Data) hat mit der Ausbreitung des Internets in allen Lebensbereichen zugenommen. Ein Ende dieser Entwicklung ist nicht abzusehen. Ganz im Gegenteil, immer größere Datenmengen können immer schneller, gar in Echtzeit bearbeitet werden. Visualisierungen spielen in diesem Kontext eine entscheidende Rolle. Sie sind und werden in Zukunft noch mehr das ausschlaggebende Instrument in der Entscheidungsfindung für Mitarbeiter und erst recht für Führungskräfte sein. Mit Visualisierungen werden große Datenmengen handhabbar. Nach Sutor (2014) haben Visualisierungen im Big-Data-Kontext „das Ziel, die Stärken von Menschen und Computern zu verbinden, nämlich Geschwindigkeit und Genauigkeit auf der einen Seite, Intuition und Intelligenz auf der anderen, um

Abb. 3.7 Interaktives Dashboard. (Bildquelle: Bitkom Leitfaden Big-Data-Technologien – Wissen für Entscheider (2014), S. 77)

damit Einsichten in große Mengen von Daten zu ermöglichen". Visualisierungen kommen für Big-Data-Anforderungen in Dashboards (Abb. 3.7) oder in interaktiven Infografiken (Abb. 3.8) zum Einsatz.

Diese Visualisierungen werden von Software-gestützten Visualisierungsprogrammen erstellt. Sie erlauben immer ausgefeiltere Nutzungsmöglichkeiten. Unmittelbar können über die Funktion „Drag&Drop" datenbasierte visuelle Elemente bedarfsgerecht angezeigt werden. Vorhandene Datencluster können in den unterschiedlichsten Szenarien zusammengestellt und analysiert werden. Ein schneller

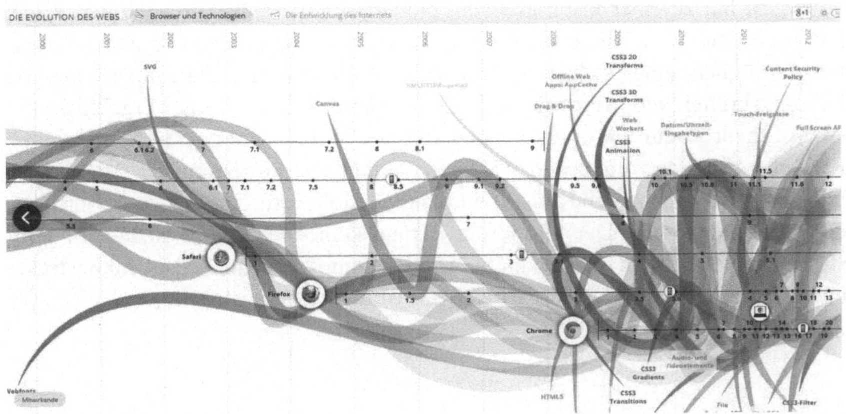

Abb. 3.8 Beispiel: interaktive Infografik zur Entwicklung der Browser-Technik. (Bildquelle: http://evolutionofweb.appspot.com/?force=true)

visueller Erkenntnisgewinn ist möglich. Die Handhabung ist einfach und intuitiv. Damit erweitert sich der Handlungsrahmen für Mitarbeiter und Führungskräfte. Der BITKOM-Arbeitskreis Big-Data (BITKOM 2014) zeigt folgende Entwicklungen für die Nutzer von Big-Data-Visualisierungen auf:

- (Empowerment): Sie bekommen die Fähigkeit, eigene Analysen im eigenen Fachbereich durchzuführen.
    - Entkoppelt vom Zeit- und Ressourcenengpass der IT-Entwicklung und der Analysespezialisten
    - Durch einen flexibleren breiteren Zugang zu internen und externen (strukturierten und unstrukturierten) Big-Data-Datenbeständen
- (Sharing): Sie erweitern den Diskurs mit Kollegen durch Teilen der eigenen Analyseinsichten.
    - Durch den Austausch von Analyseeinsichten mit Kollegen können Erkenntnisse erweitert, kommentiert und damit angereichert werden. Neue Erkenntnispotentiale werden geschaffen, mit Kollegen und Mitarbeitern gemeinsam abgesichert und in Entscheidungsprozesse eingebunden.
    - Persönliche Arbeitsbereiche mit eigenverantwortlich gestaltbarem personenabhängigem Zugang können zur Verfügung gestellt werden.
- (Communication): Die breite Kommunikation der Erkenntnisse (an Entscheider und Involvierte) ist auf einfachsten Wege möglich.

Damit einher gehend verändern sich die Rollenanforderungen einer Führungskraft weg von einem auf Wissen basierten Führungsverständnis in Entscheidungsprozessen hin zu einer inspirierenden, moderativ und diskursiv geprägten Rolle. Die durch die Visualisierung von Big-Data-Analysen sich entfaltende Transparenz ermöglicht eine größere Teilhabe bei Entscheidungen. Die gemeinsame von Führungskräften und Mitarbeitern getriebene kreative Analyse der Ergebnisse bekommt mehr Raum und muss genutzt werden. Visualisierungen liefern lediglich Ergebnisse auf den vorgegebenen Datenmodellen. Die Bewertung der Datenergebnisse im jeweiligen realen Kontext wird das zentrale Erfolgskriterium in Entscheidungsprozessen sein. Der Grundsatz „Traue keinem Wirklichkeitsmodell vollständig – auch deinem eigenen nicht. Alle Datenmodelle und Gedankenkonstrukte haben ihre Grenzen" (Hastedt 2014, S. 33) ist hier richtungsleitend.

Relevanz für die Praxis 4

Wenn Führung in Organisationen verstanden wird als „ein von Beobachtenden thematisierter Interaktionsprozess, bei dem eine Person in einem bestimmten Kontext das Handeln individueller oder kollektiver Akteure legitimerweise konditioniert; als kommunikative Einflussbeziehung nutzt sie ein unspezifisches Verhaltensrepertoire, um … die Lösung von Problemen zu steuern, die im Regelfall schlechtstrukturiert und zeitkritisch sind" (Neuberger 2002, S. 47), dann ist die Relevanz „Visueller Führung" für den Führungsalltag offensichtlich. Denn sie zielt als Kommunikationsinstrument auf den Interaktionsprozess zwischen Führungskraft und Mitarbeiter, indem sie einen wirksamen Beitrag für die Dialogphasen „Information", „Mitteilen", „Verstehen", „Analysieren", „Bewerten" und „Entscheiden" leistet. „Visuelle Führung" kann zu einer Scharnierfunktion werden, die die Anschlussfähigkeit im Kommunikationskreislauf sichert. Dabei ist es unerheblich, ob sich die Kommunikation zwischen Individuen oder zwischen Individuen und Gruppen abspielt.

Die Vorteile von Visualisierungen werden heute schon in einigen Unternehmen systematisch genutzt. Auch die Nachteile sind bekannt. Hierbei handelt es sich im Kern um die Gefahr der zu starken Vereinfachung und der damit verknüpften möglichen Fehlinterpretationen. Bisher mangelt es noch daran, Visualisierungen als Führungsinstrument zu verstehen und zu etablieren. Eine Chance hat dieser Ansatz nur, wenn sich Unternehmen dem Thema „Visuelle Führung" aktiv nähern und als ein Führungsinstrument sichtbar verankern. Voraussetzung dafür ist die Entwicklung der Kompetenzen „Visuelles Denken" und „Visuelles Arbeiten". Dies muss ein fester Bestandteil in der Führungskräfteentwicklung werden.

© Springer Fachmedien Wiesbaden 2015
V. Casper, *Visuelle Führung*, essentials, DOI 10.1007/978-3-658-10550-1_4

Ausblick 5

In diesem Abschnitt sind die subjektiven Erwartungen des Autors formuliert und nicht die auf fundierten Untersuchungen beschriebenen Prognosen für die zukünftige Entwicklung des Themas Visualisierungen und damit der „Visuellen Führung". Zu erwarten ist, dass aufgrund der Entwicklungen in der IT-Branche immer mehr Daten mobil an den unterschiedlichsten Orten immer schneller verarbeitet werden können. Damit einher gehen die immer einfacheren Möglichkeiten für die Erstellung und Verbreitung von Visualisierungen. Die Big-Data-Entwicklung wird hierbei der zentrale Treiber sein. Denn mit ihr entstehen neue Geschäftsmodelle, und bisher nicht bekannte Märkte werden erschlossen. Vor allem diese Entwicklung wird das Thema Visualisierung für den Führungsalltag als realen Wettbewerbsvorteil weiter verankern.

Parallel zur technischen Entwicklung wird sich die gesellschaftliche Entwicklung vom Text zum Bild weiter ausdifferenzieren. Ihren Startpunkt fand diese Entwicklung Ende der 90er Jahre des vorigen Jahrhunderts in den Begriffen Pictural Turn bzw. Iconic Turn. Der von dem Kunsthistoriker J. T. Mitchell bzw. von dem Kunsthistoriker Böhm geprägte Begriff beschreibt die Wiederkehr der Bedeutung der Bilder, da diese gegenüber der Sprache und dem Text den Vorteil des „Zeigenden" mit sich bringen. Dieser Bedeutungszuwachs findet auch Anerkennung in der Wissenschaft in der Form, dass sich die ersten Institute und Lehrstühle für Bildwissenschaften etabliert haben. Diese beschäftigen sich fachübergreifend mit dem Phänomen Bild in jedem Medium und in jeder Form. Diese Entwicklungen zugrunde gelegt und in die Zukunft weiter fortgeführt, werden die Erkenntnisse hinsichtlich Visualisierungen immer weiter zunehmen und die Gestaltungsmöglichkeiten weiter professionalisiert. Dies wird ebenfalls einen treibenden Effekt für den Einsatz von Visualisierungen im Führungsalltag haben. Sukzessive wird die Entwicklung von visuellen Kompetenzen in den Schulen und in den Hochschulen mehr Aufmerksamkeit erfahren, und Visualisierungskompetenzen werden sich in

© Springer Fachmedien Wiesbaden 2015

V. Casper, *Visuelle Führung,* essentials, DOI 10.1007/978-3-658-10550-1_5

die Grundfähigkeiten einer modernen Gesellschaft: Lesen – Schreiben – Rechnen – Visualisieren einreihen.

Schlussendlich werden diese Kompetenzen in den Unternehmen ankommen. Führungskräfte müssen daher zukünftig, aber auch schon gegenwärtig auf der Klaviatur der Visualisierungsmöglichkeiten spielen können. Damit dies gelingt, sind die organisationalen Voraussetzungen zu schaffen. Hierzu gehört die Etablierung eines eigenen Fachbereichs „Visuelle Kommunikation". Dieser Fachbereich ist eine Stabsstelle, die der Geschäftsführung angegliedert ist. Sie hat eine Schnittstelle zur Unternehmenskommunikation, in den Fällen, in denen die Unternehmenskommunikation für interne und externe Kommunikationsaktionen auf visuelle Elemente zurückgreifen will. Die Abteilung „Visuelle Kommunikation" (Abb. 5.1) könnte folgende Struktur haben:

Engagiert sind in diesem Fachbereich: Bildwissenschaftler, Grafiker, Statistiker, visuelle Moderatoren (Graphic Facilitator) und Softwareexperten. Der Fachbereich ist zuständig für die Datenvisualisierung zur Steuerung des Unternehmens, Entwicklung von Bildwelten für Präsentationen, Schulung von Mitarbeitern zum Aufbau von visuellen Kompetenzen, Etablierung von Visualisierungssoftware, visuelle Moderation in Workshops, Meetings oder Veranstaltungen und verantwortlich für Visualisierungen in Veränderungs- und Integrationsprojekten. Der Fachbereich setzt die visuellen Standards und legt damit die Designmerkmale fest, die auf der Basis der aktuellen interdisziplinären Bilderkenntnis den größten Nutzen für den jeweiligen Anwendungszweck stiften. Damit ist dieser Fachbereich eine wesentliche Stütze zur Umsetzung der „Visuellen Führung".

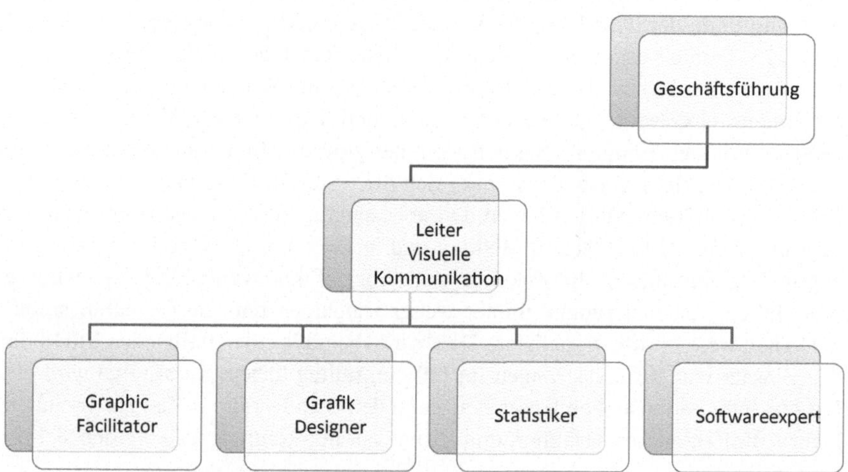

Abb. 5.1 Abteilung Visuelle Kommunikation

Ein letzter Punkt: Grundsätzlich muss man sich fragen, ob für jede Führungs-aufgabe ein Bild generiert werden muss. Sicherlich nicht! Sprache ist immer noch die schnellste Kommunikationsform, allerdings auch diejenige, die hinsichtlich der Anschlussfähigkeit im Kommunikationskontext am anfälligsten für Fehlinterpreta-tionen ist. Für eine Vielzahl der Führungsaufgaben ist die Sprache nach wie vor das wichtigste Kommunikationsinstrument. Die Erweiterung der Kommunikations-kompetenzen der Führungskräfte um die Möglichkeiten der „Visuellen Führung" erlaubt einen situationsgerechten Einsatz von Sprache, Text und Visualisierungen. Und darauf kommt es letztendlich an, in einer sich weiter ausdifferenzierenden und damit komplexer werdenden Welt.

Was Sie aus diesem Essential mitnehmen können

- Visualisierungen sind ein wesentliches Kommunikationsmittel für die Führungsarbeit.
- Visualisierungskompetenzen sind als fester Bestandteil in der Führungsausbildung zu etablieren.
- Jede Führungskraft kann sich visuelle Kompetenzen aneignen.
- Vom Scribble über ein Chart bis hin zum Video spannt sich der Formatrahmen.
- PowerPoint ist nicht tot: Jede Visualisierungsform hat ihren optimalen Einsatzort.
- Im Unternehmenskontext bedarf es für die Professionalisierung einer eigenen Abteilung: „Visuelle Kommunikation".

© Springer Fachmedien Wiesbaden 2015
V. Casper, *Visuelle Führung*, essentials, DOI 10.1007/978-3-658-10550-1

Literatur

Ballstaedt, S. P. (2006). Worin besteht die Macht der Bilder? In: Züricher Hochschule Winterthur (Hg.): Die Macht der Bilder. Winterthur (zhwinfo): 29–36

Ballstaedt, S. P. (2009a). Text und Bild: Ein didaktisches Traumpaar. *Bildwelten des Wissens. Kunsthistorisches Jahrbuch für Bildkritik, 7.1,* S. 45–55

Ballstaedt, S. P. (2009b). Interkulturelle Kommunikation mit Bildern. In K. Sachs-Hombach & R. Totzke (Hrsg.), *Bilder – Sehen – Denken.* Köln: Herbert von Halem.

BITKOM (2014). Leitfaden: Big-Data-Technologien – Wissen für Entscheider. www.bitkom.org. (Berlin).

Böhm, G. (2004). Jenseits der Sprache? Anmerkungen zur Logik der Bilder. In C. Maar & H. Burda (Hrsg.), *Iconic Turn. Die neue Macht der Bilder* (S. 28–43). Köln: DuMont.

Bramford, A. (2003). The visual literacy white paper. http://www.adobe.com/uk/education/pdf/adobe_visual_literacy_paper.pdf. Zugegriffen: 5. Nov 2010

Bresciani, S. & Eppler, M. (2009). The benefits of synchronos collaborative Information visualization: Evidence from an experimental evaluation. In Proceedings of the IEEE Information Visualisation conference (InfoViz). Los Vaqueros Circle: IEEE Press, 2009. – IEE Information Visualization Conference (InfoViz) 2009. Atlantic City, New Jersey, S. 11

Brintons, W. C. (1919). *Graphical methods for presenting fact.* New York: Engineering Magazine Company.

Daum, J. H. (2006). Ziele, Funktionsweise und Zukunftsperspektiven eines (noch) ungewöhnlichen, aber hocheffektiven Managementinstruments. In: *Controlling - Zeitschrift für erfolgsorientierte Unternehmenssteuerung, 18. Jahrgang, Heft 6/Juni 2006, S. 311–318*

Debes, J. (1969). Some foundation of visual literacy. *Audi Visual Instruction, 13,* 961–964. http://www.ivla.org/org_what_vis_lit.htm.

Edelmann, W. (2000). *Lernpsychologie.* Weinheim: BeltzPVU.

Eppler, M. (2007). Toward a visual turn in collaboration Analysis. *Building Research & Information, 35*(5), 584–587.

Hampe, M. (2006). Sichtbare Wesen, deutbare Zeichen, Mittel der Konstruktion: zur Relevanz der Bilder in der Wissenschaft. *Angewandte Chemie, 118*(7), 1044–1048.

Hastedt, H. (2014). Mehr Dialog statt Mathematik. In Big Data. Harvard Business Manager. Edition 4/2014, S. 32–34.

© Springer Fachmedien Wiesbaden 2015

V. Casper, *Visuelle Führung,* essentials, DOI 10.1007/978-3-658-10550-1

Johnson, L., Levine, A., Smith, R. & Stone, S. (2010). *2010 Horizon Report: Deutsche Ausgabe (Übersetzung: Helga Bechmann)*. Austin: The New Media Consortium.

Lengler, R. & Eppler, M. (2007). Towards a periodic table of visualization methods for management. IASTED Proceedings of the Conference on Graphics and Visualization in Engineering (GVE 2007), Clearwater, Florida, USA. http://www.visual-literacy.org/periodic_table/periodic_table.pdf

Lohoff, M. (2007). Wissenschaft im Bild. Dissertation an der RWTH Aachen. *http://darwin.bth.*rwth-aachen.de/opus3/volltexte/2008/2151/pdf/Lohoff_Markus.pdf

Mitchell, J. T. (1994). *Picture theory: Essays on verbal and visual representation*. Chicago: University of Chicago Press.

Neuberger, O. (2002). Führen und führen lassen. Ansätze, Ergebnisse und Kritik der Führungsforschung, Lucius & Lucius (Stuttgart) http://darwin.bth.rwth-aachen.de/opus3/volltexte/2008/2151/pdf/Lohoff_Markus.pdf. Zugegriffen 5 Jan. 2010.

Parker, I. (2001). Absolute powerpoint, The new yorker (S. 76–87). http://www.newyorker.com/archive/2001/05/28/010528fa_fact_parker?currentPage=all. Zugegriffen: 28. Mai 2001

Pötsch, F. S. (2007). Der Vollzug der Evidenz. Zur Ikonographie und Pragmatik von Powerpoint-Folien. In B. Schnettler & H. Knoblauch (Hrsg.), *Powerpoint-Präsentationen. Neue Formen der gesellschaftlichen Kommunikation von Wissen* (S. 85–103). Konstanz: UVK.

Roam, D. (2008). *The back of the napkin*. London: Pinguin Group.

Sutor, A. (2014). Visual Analytics für Smart Data. In M. Koch, A. Butz & J. Schlichter (Hrsg.), *Mensch und Computer, Workshopband* (S. 55–62). München: Oldenbourg Wissenschaftsverlag.

Tufte, E. R. (2006). *The cognitive style of powerpoint*. Cheshire: Grahics Press.

Tversky, B. (2002). What do sketches say about thinking? In T. Stahovic, J. Landay & R. Davis (Hrsg), *Proceedings of AAAI spring symposium on sketch understanding*. Menlo Park: AAAI Press.

Von Rosenstiel, L. (1999). Grundlagen der Führung. In von L. Rosenstiel, E. Regnet & M. E. Domsch (Hrsg.), *Führung von Mitarbeitern. Handbuch für erfolgreiches Personalmanagement* (S. 3–24). Stuttgart: Schäffer Poeschel.

Ware, C. (2008). *Visual thinking for design*. Elsevier, Oxford.

Zembylas, T. (2005). Visuelle Kompetenz – zur Formation von Könnerschaft und Kennerschaft im künstlerischen Feld. In K. Kókai (Hrsg.), *Visual culture* (S. 137–157). Budapest: Museum Ludwig.

Zur Vertiefung

Duarte, N. (2009). slide:ology: Oder die Kunst, brillante Präsentationen zu entwickeln. O'Reilly Verlag GmbH & Co. KG August 2009 in Köln

Few, S. (2004). Show me the numbers. Designing tables and graphs to enlighten. Gazelle Book Services August 2004 Oakland

Knight, C., & Glaser, J. (2009). Diagrams. innovative solutions for graphic designers. Rotovision 2009 in Mies, Switzerland

Maccandless, D. (2009). The visual miscellaneum: a colorful guide to the world's most consequential trivia. Harper Design 10.11.2009 US

Preißing, W. (2008). Visual thinking. Probleme lösen mit der Faktorenfeldmethode. Haufe-Lexware 2008

Pricken, M. (2004). Visuelle Kreativität. Schmidt,H Oktober 2003 in Mainz

Reynolds, G. (2008). Zen oder die Kunst der Präsentation. Mit einfachen Ideen gestalten und präsentieren Addison-Wesley Verlag Juni 2008 in München

Roam, D. (2009). The Back of the napkin. Solving problems and selling ideas with pictures Portfolio Hardcover 13.03.2008 in New York

Sibbet, D. (2010). Visual meetings John Wiley & Sons 10.09.2010 in Hoboken, New Jersey

Simon, P. (2014). The visual organization: Data visualization, big data, and the quest for better decisions. Wiley & SAS Business, Hoboken, USA.

Tufte, E. R. (1990). Envisioning information.

Internetadressen

http://www.coolinfographics.com/
http://flowingdata.com/
http://www.bildwissenschaft.org/image
http://infosthetics.com/
http://seewhatyoumean.blogspot.com/
http://blogs.vanderbilt.edu/cft/?page_id=259#metaphors
http://vizthink.com/
http://www.powerpointninja.com/resources/
http://www.grove.com/site/index.html
http://www.visualcomplexity.com/vc/
http://www.slideshare.net